Buchners
Lektürebegleiter
Deutsch

ANNA WOLTZ

Meine wunderbar seltsame Woche mit Tess

Bearbeitet von Stephan Gora

C.C.Buchner

Buchners **Lektürebegleiter** Deutsch

Arbeitsheft 14

Anna Woltz: Meine wunderbar seltsame Woche mit Tess
Bearbeitet von Stephan Gora

Weitere Materialien zum Downloaden unter:
www.ccbuchner.de
Bestellnummer 4294

Weitere Lektürebegleiter:
Cornelia Funke: Tintenherz (4281)
Othmar Lang: Hungerweg (4282)
Otfried Preußler: Krabat (4283)
Dietlof Reiche: Der Bleisiegelfälscher (4284)
Kirsten Boie: Die Medlevinger (4285)
Sid Fleischman: Das Geheimnis im 13. Stock (4286)
Antoine de Saint-Exupéry: Der Kleine Prinz (4287)
Eoin Colfer: Artemis Fowl (4288)
Markus Zusak: Die Bücherdiebin (4289)
Lutz Hübner: Das Herz eines Boxers (4290)
Mirjam Pressler: Nathan und seine Kinder (4291)
Peer Martin: Sommer unter schwarzen Flügeln (4292)
Fabio Geda: Im Meer schwimmen Krokodile (4293)
Marie-Aude Murail: Simpel (4295)

Die Seitenangaben beziehen sich auf die Ausgabe: Meine wunderbar seltsame Woche mit Tess
© Carlsen Verlag GmbH, Hamburg 2015.

1. Auflage, 1. Druck 2018

Alle Drucke dieser Auflage sind, weil untereinander unverändert, nebeneinander benutzbar.
Dieses Werk folgt der reformierten Rechtschreibung und Zeichensetzung. Ausnahmen bilden Texte, bei denen künstlerische, philologische oder lizenzrechtliche Gründe einer Änderung entgegenstehen.

Layout und Satz: HOCHVIER GmbH & Co. KG, Bamberg
Druck und Bindung: Brüder Glöckler GmbH Wöllersdorf

www.ccbuchner.de

ISBN 978-3-7661-**4294**-8

Inhaltsverzeichnis

Die mit einem * versehenen Kapitel sind besonders geeignet in leistungsstarken Klassen und im Rahmen der Binnendifferenzierung.

Zur Einstimmung: Probleme lassen sich bewältigen

Ferien – gemeinsam mit der Familie! Wer freut sich nicht darauf? Denn eigentlich gibt es kaum etwas Schöneres. Aber manchmal kommt es anders, als es sich Kinder erhofft haben:
Der Streit mit den Geschwistern hört im Urlaub nicht automatisch auf oder man findet nicht die passenden Freunde und empfindet so Langeweile oder Einsamkeit.
Auch in den Ferien kann man krank werden, einen Unfall haben oder einfach nur trüben Gedanken nachhängen, die nicht so recht zu Sonne, Strand und Wellen passen.
Manchmal ist man mit sich selbst nicht zufrieden oder man wird von anderen verspottet oder nicht ernst genommen.
Es kann auch vorkommen, dass sich Eltern nicht so gut verstehen oder getrennt Urlaub machen.
Und selbst wenn der Urlaub perfekt ist, ist er meist zu kurz: Gerade hat man Freunde gefunden und schon heißt es wieder Abschied nehmen!
Solche Probleme kennt auch der zehnjährige **Samuel**, der eine **„wunderbar seltsame Woche"** mit der elfjährigen **Tess** verbringt, obwohl das für ihn anfangs alles andere als einfach ist. Tess ist übrigens eine Kurzform, die besser zu dem eigenwilligen Mädchen passt als Theresia.
Doch bevor es mit dem Jugendbuch von **Anna Woltz** (geb. 1981) und dem Lektürebegleiter losgeht, darfst du hier noch drei **persönliche Einschätzungen** festhalten.

A 1 Notiere in fünf Stichworten, was für dich persönlich perfekte Ferien ausmacht.

_______________ _______________ _______________

_______________ und _______________

A 2 Bewerte deinen letzten Urlaub mit der Familie bzw. deine letzten Ferien mit einer Schulnote oder mit einem treffenden Adjektiv: _______________

A 3 Kannst du dir vorstellen, dass ein zehnjähriger Junge und ein elfjähriges Mädchen, das zudem größer ist, Freunde werden können? Begründe deine Meinung.

____

____

____

____

Diese und andere Fragen wirst du dir beim Lesen stellen und mit deinen Klassenkameraden diskutieren. Ihr werdet intensiver über Probleme nachdenken, die auch dir oder deinen Mitschülern begegnen. Der genaue Blick auf die Illustrationen lädt ein, Zeichnungen besser zu deuten und sich selbst ein Bild von der Handlung zu machen. Und wenn du Spaß daran hast, darfst du selbstverständlich die zahlreichen Illustrationen mit Buntstiften ausmalen.
Dieser **Lektürebegleiter** begleitet dich beim Lesen, indem er dir hilft, die Handlung und die wichtigsten Figuren sicher zu erfassen und damit das Jugendbuch besser zu verstehen. Mit seiner Hilfe kannst du lernen, dich in Andere hineinzuversetzen, deine eigene Familie genauer wahrzunehmen und Freunde bewusster auszuwählen. Vor allem aber wirst du die Erfahrung machen, dass sich Probleme mit Freunden und originellen Ideen leichter bewältigen lassen.

Eine spannende Lektüre wünscht dir

Stephan Gora

In der Geschichte ankommen: Was weckt deine Neugierde?

In der „wunderbar seltsamen Woche mit Tess“ werden dir nicht nur Menschen begegnen, sondern auch die unterschiedlichsten Tiere. Die meisten sind putzmunter, andere sind aber schon seit langem ausgestorben oder erst vor kurzem gestorben.

A 1 Kreuze an, welche Tiere dich am meisten interessieren könnten.

- ○ Jefta, der Hund, dem Anna Woltz die Geschichte von Tess gewidmet hat
- ○ der letzte Dinosaurier, der sich einsam fühlt, nachdem die anderen ausgestorben sind
- ○ der tote Kanarienvogel von Märchenopa Hendrik
- ○ galoppierende Pferde mit wehenden Mähnen und Schweifen
- ○ Möwen, die sich um ein leeres Pommesschälchen streiten
- ○ Gorilla Samantha, die ein Kaninchen liebt
- ○ eine Schildkröte auf einer Waage
- ○ Puss, eine seltsam dicke Katze
- ○ Zebrafische im Aquarium

A 2 Was fasziniert Menschen so an Tieren? Glaubst du, dass Menschen von Tieren etwas lernen können? Schreibe deine Meinung darüber in zwei bis drei Sätzen auf.

A 3 Zeichne hier dein Lieblingstier. Du darfst auch dich dazu malen.

A 4 Was würdest du gerne mit deinem Lieblingstier machen? Wie sollte es auf dich reagieren? Schildere kurz deine Wunschvorstellung.

1. Vom Lesetagebuch zur Inhaltszusammenfassung

a) Ein Lesetagebuch führen (der erste Ferientag)

So wie du in einem Tagebuch festhalten kannst, was du erlebt hast, so kannst du auch bei der Lektüre von „Meine wunderbar seltsame Woche mit Tess" die wesentlichen Inhalte sowie deine persönlichen Gedanken und Gefühle aufschreiben. Das **Lesetagebuch** gibt dazu einige Anregungen. Zunächst werden die sieben Ferientage in sinnvolle Lese-Abschnitte gegliedert, die wir anfangs Kapitel für Kapitel, später in größeren Sinnabschnitten knapp zusammenfassen. Es empfiehlt sich, zeitnah **Protokoll** zu führen und dir dann **eigene Gedanken** zu den *kursiv gedruckten Anregungen* zu machen.

Tipp: Die vorgegebenen Zeilen signalisieren, wie viel du etwa schreiben solltest. Da die Gedanken frei sind, kann es weniger sein. Fällt dir mehr ein, dann schreib in deinem Heft weiter.

Leseprotokoll knappe Zusammenfassung der Handlung	+ *deine **Gedanken** und **Gefühle** beim Lesen*	= dein persönliches **Lesetagebuch**

A 1 Fasse jedes Kapitel in einem Satz zusammen. Die Leitfragen helfen dir dabei, dich auf das Wesentliche zu konzentrieren. Anfangs haben wir das Leseprotokoll für dich formuliert, damit du sehen kannst, worauf du achten musst.

1 Was passiert am ersten Ferientag auf Texel und wie geht es Samuel dabei?

Jorre, sein älterer Bruder, bricht sich das Bein, aber Samuel wird nicht ernst genommen, als er Mitleid empfindet und helfen möchte.

2 Was halten Samuels Vater und sein Bruder von Samuels Gedanken?

Mit seinen Gedanken zum Aussterben der Dinosaurier nervt er sie nur.

3 Was erlebt Samuel mit Tess beim ersten Zusammentreffen?

Die ältere und größere Tess bringt ihm das Walzer-Tanzen bei: Sie scheint ihm anfangs überlegen zu sein, aber überraschenderweise haben sie ähnliche Gedanken.

4 Was beschließen Samuel und Tess, als ihnen der trauernde Hendrik Giltjes begegnet?

5 Wozu überredet Tess Samuels Vater?

Als Jorre aufs Festland ins Krankenhaus gebracht werden muss, überredet sie ihn, Samuel in ihrer Obhut zu lassen.

6 Was erfährt Samuel über die Eltern von Tess?

7 Wie gestalten Tess und Samuel die Beerdigung von Remus?

8 Mit wem telefoniert Tess? Warum? Und welche Folgen hat das für Samuel?

Sie telefoniert mit dem Feriengast Hugo Faber und Samuel darf sie auf dem Fahrrad zur Schlüsselübergabe für das Ferienhaus begleiten.

9 Wem begegnet Tess zum ersten Mal? Ahnt Hugo Faber, was gespielt wird?

10 Welches Problem hat Tess nach dieser Begegnung?

Sie kann zunächst kein Gefühl für ihren Vater entwickeln und lässt deshalb ihren ursprünglichen Plan, sich als seine Tochter zu erkennen zu geben, fallen.

11 Warum muss Samuel alleine durch die Dünen nach Hause laufen?

12 Was macht sich Samuel abends bewusst? Und was träumt er in der Nacht?

A 2 Kreuze nun die Anregung an, die dich am meisten zum Nachdenken und Schreiben reizt! Erläutere deine Überlegungen, damit nachvollziehbar wird, was du genau meinst.

- ○ *Versetze dich in Samuels Lage: Was empfindest du, wenn du nicht ernst genommen wirst?*
- ○ *Versetze dich in die Lage von Tess: Würdest du deinen leiblichen Vater kennenlernen wollen?*

b) Das Lesetagebuch fortführen (vom zweiten zum fünften Tag)

Nun hast du erste Erfahrungen mit deinem persönlichen Lesetagebuch gesammelt. Wenn du Gelesenes knapp zusammenfasst und dir zu einzelnen Themen deine eigenen Gedanken machst, bleibt mehr „in deinem Kopf hängen". Allerdings lassen sich manchmal auch zwei oder drei Kapitel, die einen Zusammenhang bilden, mithilfe von Leitfragen zusammenfassen.

A 1 Fasse in etwa einem Satz zusammen. Konzentriere dich dabei auf das Wesentliche.

13 Warum ist das Verhältnis zwischen Samuel und Jorre so gespannt?

14 – 15 Wie kommt es, dass sich Samuel und Tess wieder vertragen?

16 – 18 Wie sieht Tess' Plan aus, um ihren Vater kennenzulernen?

19 – 20 Warum verläuft Samuels dritter Ferientag so betrüblich?

21 Was begreift Samuel am vierten Ferientag, als Tess zu Besuch kommt?

22–24 Wie verläuft die Schnitzeljagd und warum muss Samuel eine List anwenden?

25 Wie hat Tess ihre Mutter hinhalten und am Ende wieder beruhigen können?

26 Welche Einsicht wird Samuel von Hendrik vermittelt? Wer hat zuvor Ähnliches gesagt?

A 2 Kreuze nun die Anregung an, die dich am meisten zum Nachdenken und Schreiben reizt! Erläutere deine Überlegungen, damit nachvollziehbar wird, was du genau meinst.

- ○ *Warum ist dein Verhältnis zum eigenen Bruder oder zur eigenen Schwester manchmal gespannt? Erkläre aufgrund deiner Erfahrungen, warum es Streit unter Geschwistern gibt.*
- ○ *„Allmählich glühten Tess' Wangen ebenso wie meine.“ (S. 70) Hast du auch schon mal eine peinliche Situation erlebt? Erkläre, was daran so peinlich war und wie du es überstanden hast.*
- ○ *Streit tut weh und es ist ein wunderbares Gefühl, sich wieder zu vertragen. Beschreibe deine eigenen Gefühle, als du dich einmal nach einem Streit wieder vertragen hast.*
- ○ *Karten oder Brettspiele im Kreis der Familie: Erzähle, was dir daran Spaß macht.*

c) Das Lesetagebuch abschließen (die letzten Ferientage)

Nun fällt es dir immer leichter, das Gelesene knapp zusammenzufassen und dir zu den wichtigsten Themen eigene Gedanken zu machen. Nur noch wenige Sätze, und du hast die ganze Handlung und damit 39 Kapitel erfasst!

A 1 Fasse in etwa einem Satz zusammen. Konzentriere dich dabei auf das Wesentliche.

27 – 28 Was möchte Tess beim Drachensteigen tun und woran scheitert ihr Plan?

29 Worüber sprechen Samuel und Jorre? Gelingt das Gespräch?

34 – 35 Wie verläuft überraschenderweise das Gespräch zwischen Hugo und Ida?

36 – 37 Wie reagiert seine Familie, als Samuel ihr die ganze Geschichte erzählt?

A 2 Fasse nun Kapitel 38 und 39 ohne die Hilfe von Leitfragen zusammen.

A 3 Kreuze nun die Anregung an, die dich am meisten zum Nachdenken und Schreiben reizt! Erläutere deine Überlegungen, damit nachvollziehbar wird, was du genau meinst. Formuliere so, dass du deine Gedanken vorlesen könntest.

- ○ *Ins Fettnäpfchen getreten: Manchmal rutscht einem ohne böse Absicht eine Bemerkung heraus, die andere verletzt – wie bei Hugo und Tess. Hast du das schon einmal erlebt? Erzähle!*
- ○ *Sich auszusprechen kann so gut tun, wenn es zuvor Spannungen und Streit gegeben hat. Doch oft traut man sich nicht, selbst den Anfang zu machen. Halte für dich schriftlich fest, mit wem du dich einmal aussprechen möchtest und was du dieser Person gerne sagen würdest.*
- ○ *Einem Freund kann man alles anvertrauen in der Zuversicht, dass er alles für sich behält. Kannst du dir vorstellen, dass es von dieser Regel Ausnahmen geben darf? Unter welcher Voraussetzung darf man Geheimnisse verraten? Begründe deine Meinung.*
- ○ *Luftballons und gute Laune: Schildere eine Situation, in der du Spaß an Luftballons hattest.*
- ○ *Hast du dich schon einmal für eine Freundin oder einen Freund gefreut, obwohl du selbst nichts davon hattest? Zeige an einem persönlichen Erlebnis, dass das möglich ist.*
- ○ *Hast du schon einmal erlebt, wie ein junges Tier einem Menschen Freude bereitet hat? Erkläre an einem konkreten Beispiel, wie das sein kann.*

d) Die gesamte Handlung zusammenfassen

In 39 Kapiteln wird eine spannende und unterhaltsame Geschichte mit erstaunlich viel Tiefgang erzählt. Aber wie lässt sich diese Geschichte – auf das Wesentliche reduziert – zusammenfassen?

A 1 Setze die einzelnen Sätze und Satzteile so zusammen, dass der Inhalt verständlich wird.

Tipp: Wenn du die Kennbuchstaben in eckigen Klammern unten in der richtigen Reihenfolge anordnest (Achtung! rückwärts geschrieben), entdeckst du ein wichtiges Detail, das Samuel beobachtet hat.

[P] In seinen Maiferien lernt ein schmächtiger Viertklässler auf Texel die einen Kopf größere Inselbewohnerin Tess kennen, die ihn mit merkwürdigen Fragen bombardiert ...

[G] das Missverständnis auf. Obwohl manches „seltsam" erscheint, verbringt Samuel mit Tess eine wunderbare Woche, in der sie vieles ...

[K] weil er zu viel über das Allein-Sein und den Tod nachdenkt. Da kommt ihm Tess gerade recht, denn ...

[C] Da ihre Mutter beschlossen hat, Tess alleine aufzuziehen, kennt die Elfjährige ihren Vater noch nicht.

[A] und glaubt durch ein Missverständnis, dass Hugo überhaupt keine Kinder mag. Doch bevor dieser die Insel verlässt, ergreift Samuel ...

[N] seine Einsamkeit und seine Angst vor dem Tod. Er fühlt sich in seiner Familie wieder verstanden und Tess bleibt seine Freundin fürs Leben.

[N] Er wird von seinem Vater und seinem Bruder, der ihn aus Neid verspottet, nicht ernst genommen, ...

[E] um ihren ahnungslosen Vater kennenzulernen. Doch dieser sorgfältig ausgearbeitete Plan droht zu scheitern, weil Tess ...

[Ü] und ihn sogar zum Walzertanzen animiert. Dabei hat der kluge, aber etwas melancholische Samuel ganz andere Probleme zu bewältigen:

[H] Daher lockt Tess, nachdem sie zufällig seinen Namen erfahren hat, Hugo trickreich in das Ferienhaus, ...

[N] für den fremden Mann zunächst keine Gefühle entwickeln kann; außerdem verletzt sie ihn aus Versehen ...

[T] das eigenwillige Mädchen fasziniert ihn mit ihrer Lebensfreude und ihren originellen Ideen, obwohl auch sie gerade ein Problem zu lösen hat:

[U] mutig die Initiative und klärt Hugo über seine Vaterschaft auf; dieser bekennt sich zu seiner Tochter und löst ...

[E] erleben und gemeinsam zum Guten lenken: Indem sie einem alten Mann bei der Bewältigung seiner Trauer helfen, überwindet auch Samuel ...

Lösungswort:  ← (von rechts!)

A 2 Eine verständliche Zusammenfassung kann aber auch knapper ausfallen: Setze in den Lückentext die passenden Wörter und Wortgruppen aus dem Wortspeicher ein.

Der zehnjährige Samuel macht mit seinen ____________________ ____________ und seinem ____________________, der sich am ersten Ferientag das ____________________ bricht, ____________________ auf Texel, wo er die ____________________ Tess kennenlernt. Diese ist von ihrer Mutter alleine ____________________ worden, weil sich Ida noch vor Tess' Geburt von Hugo getrennt hat, der von seiner ____________________ nichts ____________________. Nachdem sie durch ____________________ seinen Namen erfahren hat, möchte ____________________ nun ihren Vater kennenlernen. Dabei wird sie von Samuel ____________, der ihr gerne hilft, denn das ____________________ ihn von seinen ____________________ ab: Von seinem Bruder wird er ____________________ und von seinem Vater nicht ____________________. Außerdem macht er sich zu viele Gedanken um die ____________________, das Älterwerden und den ____________________. Seine Probleme überwindet er aber, als er einem ____________________ Mann hilft, seine Trauer zu ____________________, und als er nach einer ____________________ Woche endgültig mit Tess ____________________ schließt.

Wortspeicher von A bis Z:
ahnt – alten – aufgezogen – begleitet – Bein – bewältigen – Bruder – elfjährige – Einsamkeit – Eltern – erlebnisreichen – ernst genommen – Freundschaft – lenkt – Problemen – Tess – Tod – Urlaub – Vaterschaft – verspottet – Zufall

A 3 Entscheide nun, was dir besser gefällt: die ausführliche oder die knappe Inhaltszusammenfassung. Begründe kurz deine Meinung.

____

____

____

Wir merken uns: Die **Inhaltszusammenfassung** beschränkt sich auf Wesentliches. Sie ist sachlich, durch Satzverknüpfungen für den Leser nachvollziehbar und in der Gegenwartsform (Präsens bzw. Perfekt bei Vorzeitigkeit) formuliert. Je nach Absicht des Verfassers kann sie knapper oder ausführlicher ausfallen.

e) Den Kern der Handlung in einem Satz erfassen

A 1 Die gesamte Handlung ist zusammengefasst, aber nun will ein Freund von dir das Wesentliche in einem Satz wissen. Vergleiche die drei Fassungen und kreuze an, welcher Satz deiner Meinung nach am besten das Thema auf den Punkt bringt.

- ○ In ihrem Jugendbuch „Meine wunderbar seltsame Woche mit Tess" (2013) **erzählt** Anna Woltz (* 1981), wie der zehnjährige Samuel auf einer holländischen Ferieninsel die scheinbar überlegene Tess kennenlernt und ihr hilft, eine gute Beziehung zu ihrem Vater aufzubauen.
- ○ Das Jugendbuch „Meine wunderbar seltsame Woche mit Tess" (2013) von Anna Woltz (* 1981) **handelt** von einem Jungen und einem Mädchen, die Freundschaft schließen, indem sie offen über ihre Probleme sprechen und sich gegenseitig helfen; dabei **geht** es nicht nur **um** Einsamkeit und Tod, sondern auch um den Zusammenhalt in der Familie.
- ○ Anna Woltz (* 1981) **behandelt** in ihrem Jugendbuch „Meine wunderbar seltsame Woche mit Tess" aus dem Jahre 2013 die Schwierigkeiten der elfjährigen Titelfigur, Gefühle für ihren Vater zu entwickeln, den sie bis dahin nicht hat kennenlernen dürfen; dabei wird sie von Samuel unterstützt, aus dessen Sicht die Geschichte erzählt wird.

A 2 Begründe nun deine Entscheidung.

Ich finde die angekreuzte Fassung am besten, denn sie enthält ______________________

____

____

A 3 Nicht alle Themen des Jugendbuches sind in den drei Fassungen enthalten. Entscheide durch Ankreuzen, welche weiteren Themen du noch in deinen Satz aufnehmen würdest.

In „Tess" geht es vor allem um die Themen:

- ○ Familie: Eltern und Kinder
- ○ alleinerziehende Mutter
- ○ Vaterschaft / Recht auf den Vater
- ○ Geschwisterstreitigkeiten
- ○ Freundschaft zwischen Jungen und Mädchen
- ○ Vertrauen und Verrat
- ○ Einsamkeit
- ○ Älter-Werden und Alter
- ○ Sterben, Trauer und Tod
- ○ ______________

A 4 Formuliere nun deinen persönlichen (Basis-)Satz zu „Tess". Hilfreich sind dabei die Verben, die in den obigen Beispielen hervorgehoben sind.

____

____

____

____

____

2. Die Figuren näher kennenlernen

a) Kind oder Professor? der Erzähler Samuel

„Mein Kopf war leer. Manchmal denke ich viel. Und manchmal denke ich nichts. Bei mir gibt es wenig dazwischen.“ (Kap. 3, S. 17)

Was ist das für ein Junge, der uns von seiner „wunderbar seltsamen Woche mit Tess“ erzählt?

A 1 Halte in Stichworten fest, was du in den ersten Kapiteln über Samuel erfährst. Wie alt ist er? Wie sieht er aus? Was erlebt er an seinem ersten Ferientag auf der Insel?

A 2 Interessanter als diese Äußerlichkeiten sind aber bei den meisten Menschen deren Fähigkeiten, Gedanken und Gefühle. Um diesen auf die Spur zu kommen, lohnt sich ein zweiter Blick in den Text.
Lies die Zitate aus dem Text und die darunter stehenden Fragen. Sie helfen dir, den begonnenen Satz über Samuel fortzusetzen.

„Der Wind rauschte und die Wellen rollten, aber Jorres Gebrüll übertönte alles. Meine Knochen wurden ganz kalt.“ (S. 8)

„Ich durfte nicht für ihn schreien. Ich durfte keinen Krankenwagen rufen. Er war zwei Jahre älter als ich, […].“ (S. 11)

„Als der letzte Dinosaurier starb, […] fand er es bestimmt nicht so schlimm zu sterben. Dann war er sowieso ziemlich einsam. […] (S. 15)

„Aber eines konnte ich mir sehr gut vorstellen. […] Tiere mit einem Namen kann man nicht einfach wegwerfen.“ (S. 25)

„An seinem gekrümmten Rücken konnte ich erkennen, wie vorsichtig er Remus trug. […] Er machte den Rücken so gerade, wie er konnte, und faltete die Hände.“ (S. 27, 39)

Fragen zu Samuel:
- Wie gut kann er andere Menschen beobachten?
- Kann er sich in andere hineinversetzen, mit ihnen mitfühlen oder sogar mitleiden?
- Worüber macht er sich Gedanken? Ist das normal für einen Viertklässler?
- Warum ist sein Verhältnis zu Jorre so gespannt? Ist „Professor“ berechtigt?
- Hat er eine eigene Meinung? Kann er sie anderen gegenüber vertreten?

Meiner Meinung nach ist Samuel ein besonderes Kind, weil er

A 3 Um das Besondere an Samuel zu erfassen, helfen drei Fachbegriffe. Lies dir die drei Erklärungen durch und halte mit jeweils einer Begründung fest, in welchem Umfang diese Begriffe auf Samuel zutreffen.

Empathie ist die Fähigkeit, sich in andere Menschen hineinzuversetzen und zu verstehen, wie es ihnen geht. Wer empathisch ist, kann besser mit anderen sprechen, weil er dabei auch deren Gefühle wahrnimmt.

Philosophie bedeutet „Liebe zur Weisheit". Gemeint ist das intensive Nachdenken über Dinge, die über unseren Alltag hinausgehen. So fragt ein Philosoph, woher wir kommen, wohin wir nach dem Tod gehen und was der Sinn des Lebens sein könnte. Er überlegt, was das Wesen von Freundschaft ausmacht oder worin das Glück des Menschen besteht.

Melancholie ist die Grundhaltung eines Menschen, ernsthaft und manchmal vielleicht auch schwermütig über das Leben nachzudenken. Wer melancholisch ist, neigt dazu, Trauer zu empfinden, wenn ihm beispielsweise bewusst wird, dass alle Lebewesen sterblich sind.

Samuel zeigt Empathie, indem ______

Samuel ist zwar kein Professor, aber er philosophiert gern, weil er ______

Samuel wirkt anfangs melancholisch, weil er ______

A 4 Und warum wird Samuel Ich-Erzähler genannt? Lies den folgenden Text durch und beurteile, ob es stimmig ist, dass Samuel der Ich-Erzähler ist. Sollte nicht eher Tess als Titelfigur die Ich-Erzählerin sein? Begründe dein Urteil.

Anna Woltz schreibt eine Geschichte, aber diese Geschichte lässt sie einen **Ich-Erzähler** erzählen: Die Geschichte wird weder aus der Perspektive noch in der Sprache der erwachsenen Autorin erzählt, sondern aus dem Blickwinkel und in den Worten eines Zehnjährigen. Samuel erzählt in der ersten Person („**Meine** ... Woche mit Tess" / „**Ich** sah es kommen."), deshalb wird er Ich-Erzähler genannt. Alles, was wir über Tess und die anderen Figuren wissen, erfahren wir aus Samuels Sicht.

Als Ich-Erzähler/in ist ______ geeignet(er), weil ______

b) Tess: die stärkere der beiden Figuren?

Was ist das für ein Mädchen, mit dem Samuel eine „wunderbar seltsame Woche“ erlebt und das vom Tanzen behauptet: „Der Rest meines Lebens hängt davon ab.“?

A 1 Halte zunächst in Stichworten fest, was du im dritten Kapitel von außen über Tess erfährst. Wie alt ist sie? Wie sieht sie aus? Wo wohnt sie? Womit ist sie beschäftigt?

A 2 Versuche Tess zu charakterisieren, indem du für die folgenden Aussagen jeweils ein Zitat im dritten Kapitel findest. Das jeweilige Zitat solltest du in Anführungszeichen setzen und mit einem Seitenbeleg in Klammern nachweisen.

Dass Tess **zielstrebig** und **dominant** ist, erkennt man an folgendem Zitat:

Dass sie **witzig** und **pfiffig** ist, erkennt man an folgendem Zitat:

Dass sie **originell** oder sogar **seltsam** ist, erkennt man an folgendem Zitat:

Dass sie **menschlich** und **einfühlsam** ist, erkennt man an folgendem Zitat:

A 3 Setze den Satzanfang über Tess fort. Die Leitfragen bringen dich dafür auf die richtige Spur.

Fragen zu Tess:
- Wie verhält sie sich anfangs gegenüber Samuel?
- Wie setzt sie ihren Willen durch? Wodurch wirkt sie stark?
- Wie schafft sie es, dass er sie „als Mensch“ wahrnimmt?
- Woran merkt man, dass sie ein Geheimnis zu haben scheint?
- Kann sie auch zuhören und auf Samuel eingehen

Meiner Meinung nach ist Tess Samuel anfangs überlegen, weil sie

c) Im Dialog: Tess und Samuel nehmen sich gegenseitig wahr

A 1 Stell dir vor: Tess und Samuel unterhalten sich am Strand darüber, wie sie sich kennengelernt haben und was sie seither miteinander erleben.
Lest den erdachten Dialog laut mit verteilten Rollen in der Klasse.

Tess: Mensch, Samuel! Nun kennen wir uns schon fast eine Woche!
Samuel: Eine höchst seltsame Woche!
Tess: *(grinsend)* Dich fand ich anfangs auch ein bisschen seltsam.
Samuel: Und du erst! Du hast mich mit seltsamen Fragen bombardiert und dann musste ich auch noch Walzer tanzen! Mir war das so peinlich, dass ich am liebsten die Polizei gerufen hätte.
Tess: Haste aber nicht!
Samuel: Ich hatte ja gar keine Chance, und außerdem hattest du so klebrige Finger.
Tess: Aber irgendwie hat es doch auch Spaß gemacht auf dem Parkplatz. Du warst so schüchtern, da musste ich dich einfach schnappen.
Samuel: Ja, du kannst ganz schon hartnäckig sein! Aber irgendwie auch witzig ... *(überlegt)* ... Wenn du nicht so empfindlich und aufbrausend wärst, könntest du richtig nett sein!
Tess: *(lauter werdend)* Ich und aufbrausend!?!
Samuel: Ja, jetzt wirst du schon wieder so aufbrausend – wie am ersten Tag in den Dünen!
Tess: Na ja, das tut mir echt Leid. Aber ich hatte eine solche Wut im Bauch ...
Samuel: ... dass ich alleine zu Fuß durch die Dünen nach Hause laufen durfte! *(mit einem Augenzwinkern)* Aber immerhin kannst du schon mal sagen, dass es dir Leid tut. Dass du dich nicht entschuldigen magst, finde ich mega seltsam!
Tess: Ich finde, du übertreibst! Irgendwie bist du ja auch seltsam, ich kenne keinen Jungen, der so viel nachdenkt wie du.

A 2 Unterstreiche nun Charaktereigenschaften oder Verhaltensweisen farbig, die typisch für Tess (grün) oder Samuel (blau) sind.

A 3 Wenn die Handlung einer Geschichte nicht erzählt wird, sondern sich in einem Dialog entfaltet, ist das eine besondere Darstellungsweise. Lies den Infokasten und stelle in der Tabelle auf der nächsten Seite die wichtigsten Merkmale der beiden Darstellungsweisen stichwortartig gegenüber.

Handlung im Dialog: Zwei (oder manchmal auch mehrere) Figuren sprechen miteinander. Die Handlung wird nicht von einem Erzähler erzählt, die Äußerungen der Figuren geben die Handlung vielmehr unmittelbar wieder. Beim Dialog-Text genügen: die Figur, ein Doppelpunkt und die Äußerung. Da es keinen Erzähler gibt, können Regie-Anweisungen in Klammern erklären, wie etwas gesprochen wird.

Erzählte Handlung steht meist in der Vergangenheitsform (Präteritum mit Plusquamperfekt für Vorzeitigkeit). Wörtliche Rede kommt auch vor, muss aber in Anführungszeichen gesetzt oder in indirekter Rede formuliert werden. Alles andere (Situation und Aussehen der Figuren) wird durch den Erzähler vermittelt.

Hierzu ein erfundenes **Beispiel**: An einem sonnigen Tag trafen sich Tess und Samuel am Strand und sprachen über ihr Verhalten und ihre unterschiedlichen Eigenschaften. Auf die Frage von Tess, was er auf dem Parkplatz von ihr gedacht habe, antwortete Samuel: „Eigentlich fand ich dich ziemlich aufdringlich, am liebsten hätte ich die Polizei gerufen. Und außerdem hattest du so klebrige Finger." Da musste Tess schmunzeln: „Aber das Walzer-Tanzen hat dir trotzdem Spaß gemacht, oder?" ...

Merkmale eines Dialog-Textes	Merkmale eines Erzähltextes

A 4 Setzt in Partnerarbeit den Dialog fort, indem ihr möglichst viele typische Verhaltensweisen und Charaktereigenschaften verwendet. Ihr entscheidet, ob das Gespräch einen guten Abschluss findet oder im Streit endet – und wer das letzte Wort hat. Wenn der Platz nicht ausreicht, schreibt im Heft weiter. Lest eure Dialoge abschließend vor der Klasse!

Samuel:

Tess:

Samuel:

Tess:

Samuel:

Tess:

Samuel:

Tess:

d) Charaktereigenschaften erfassen, benennen und verstehen

Als sich Samuel und Tess das erste Mal auf dem Parkplatz vor der Arztpraxis begegnen, stoßen zwei auf den ersten Blick recht unterschiedliche Figuren aufeinander: ein kleiner, (noch!) schüchterner Zehnjähriger, der von Tess' Mutter sogar als „Zwergtourist" verspottet wird, und ein eher forsches, großes Mädchen. Beschreibt man sie äußerlich und damit oberflächlich, so passen sie wahrlich nicht zusammen! Schaut man aber genauer hin, dann entdeckt man interessante Gemeinsamkeiten oder zumindest Charaktereigenschaften, die sich gegenseitig ergänzen.

A 1 Nenne mindestens drei positive Eigenschaften von Tess und Samuel. Zu welcher Figur fallen dir (noch) mehr positive Eigenschaften ein?

Positive Eigenschaften von Tess	Positive Eigenschaften von Samuel
1.	1.
2.	2.
3.	3.
...	...
...	...

Tipp: Weitere Charaktereigenschaften fallen dir ein, wenn du an den Dialog (vgl. 2 c) zurückdenkst oder wenn du nochmals im LB unter 2 a und b nachliest.

A 2 Leider haben Menschen nicht nur gute, sondern auch problematische Eigenschaften. So könnte man Tess beispielsweise auch als „eigenwillig" oder „dominant" bezeichnen. Blättere dein Leseprotokoll (vgl. S. 6 – 11) noch einmal durch und halte Situationen fest, in denen diese Charaktereigenschaften zum Vorschein kommen.

„Tess hatte ihre Pünktchenaugen und ihre Tatkraft von Hugo. Aber der Rest kam direkt von ihrer Mutter." (Samuel auf S. 161)

A 3 Schreibe auf, in welcher Art und Weise Tess von ihrer Mutter geprägt worden ist.

A 4 Auch Samuel hat nicht nur positive, sondern auch problematische Eigenschaften. So könnte man ihn nicht nur „melancholisch", sondern teilweise auch „depressiv" nennen. Suche im Leseprotokoll nach Situationen, in denen dieses Persönlichkeitsmerkmal durchschlägt. Überlege aber auch, wodurch er dies wieder ausgleichen kann.

Methode: Eine Figur „charakterisieren" – Was ist eigentlich damit gemeint?

Die **Charakterisierung** einer Figur geht zunächst von den **äußeren Merkmalen** (Geschlecht, Alter, Körperbau, Aussehen), von der **Stellung in der Familie** (einziges Kind, jüngerer Bruder, vaterlos, zwei Elternteile usw.) und von der **Herkunft** (Inselbewohner oder Tourist) aus. Dann konzentriert sich die Charakterisierung auf die **inneren Merkmale**, die eine Figur prägen und kennzeichnen, also die **Charaktereigenschaften**. Man fragt: Wie sieht es in ihrem Kopf und in ihrer Seele aus?

- Aufmerksam muss man das **Verhalten** der Figuren beobachten. Beispiel: *Wer wie Tess einen unbekannten Jungen mit Fragen bombardiert und ihn zum Walzertanzen animiert, ist eigentlich nicht schüchtern. Umgekehrt kann die gleiche Figur recht unsicher und ängstlich wirken, als sie das erste Mal ihrem Vater begegnet.*
- Wenn Figuren in direkter Rede zu Wort kommen, ist genau auf die **Äußerungen** zu achten, denn oft verrät sich bereits beim Sprechen eine Charaktereigenschaft. Beispiel: *Wenn Tess erklärt, warum sie sich niemals entschuldigt, dann spürt man deutlich, wie eigenwillig sie ist und dass sie diese Meinung von ihrer Mutter übernommen hat. Und bei Samuel erkennen wir, dass er nachdenklich und melancholisch ist, wenn er als Zehnjähriger Fragen zum letzten Dinosaurier stellt.*
- Es kann auch vorkommen, dass **eine Figur durch eine andere charakterisiert** wird. Beispiel: *Samuel durch seinen Bruder, als dieser feststellt: „Zur Hälfte bist du ein Professor. Und zur anderen Hälfte ein fünfjähriges Mädchen."* (S. 16)*; und wenn Samuel über Ida urteilt, dass sie „schon ein wenig freundlicher sein"* (S. 33) *könnte, hat er sie zutreffend charakterisiert.*
- Aufschlussreich ist in diesem Fall auch die **Familiensituation**, in der ein Mensch aufgewachsen ist. Denn Kinder werden stark von ihren Eltern und Geschwistern geprägt. Beispiel: *Da Ida, ohne mit Tess darüber gesprochen zu haben, von sich aus bestimmt, dass ihre Tochter keinen Vater braucht („Wir brauchen keinen Mann."* – S. 36*), scheint sie gerne zu dominieren. Und Samuels Selbstwahrnehmung wird stark von Jorre geprägt.*

Die Charakteristik ist allerdings mehr als die Auflistung einzelner Eigenschaften. Es ist das **Gesamtbild** einer Figur, das während der Lektüre allmählich entsteht, indem der Leser verschiedene Textstellen kombiniert.

e) Aufmerksam alle Figuren erfassen und unterscheiden*

Auf Texel lernen sich nicht nur ein Mädchen und ein Junge, sondern am Ende sogar zwei „Familien“ kennen. Außerdem kümmern sich Samuel und Tess um einen „Märchenopa“, der ihr Großvater sein könnte. Einen Überblick über die drei Generationen bietet diese Personenkonstellation:

Hendrik Giltjes

Elise und **Hugo** **Ida** **Mutter** und **Vater**

Tess **Samuel** **Jorre**

A 1 Zeichne Pfeile für die Beziehungen zwischen den Figuren: rote Pfeile, wenn sich Figuren mögen oder wertschätzen, und schwarze, wenn es Spannungen oder Streit gibt. Verwende grüne Pfeile, wenn eine Figur einer anderen hilft. Falls sich Beziehungen verändern, können schwarze und rote Pfeile nebeneinander gezeichnet werden.
Entscheide, ob du Pfeile der Gegenseitigkeit (⟷) oder der Einseitigkeit (→) zeichnest.

A 2 Welche Beziehung findest du besonders spannend? Begründe deine Meinung.

Besonders spannend ist die Beziehung zwischen ____________ und ____________,

weil ____

____

A 3 Durch welche Merkmale lassen sich die Figuren beim Lesen unterscheiden?
Ordne die Stichworte aus dem Speicher den Figuren zu, indem du deren Leitbuchstaben hinzufügst.

Tipp: Im Zweifelsfall helfen dir die Seitenangaben weiter. Mitunter kann sich ein Merkmal auch auf zwei Figuren beziehen.

Zitate-Speicher von A bis Z:
kann lange „**A**AA“ schreien (83): T – im Urlaub **B**artstoppeln (111): __ – **bl**aues Kleid mit Tupfen (66): __ – **br**aune Haare, **bl**asses Gesicht (28): __ – **bl**inkende Turnschuhe (105): __ – kurze **bl**onde Haare (13): __ – **bu**schige Augenbrauen (26): __ – eigenes **F**ahrrad mit Gepäckträger (49): __ – T-Shirt mit einer **F**ünf (69): __ – **G**ips am Bein (28/92): __ – Männer finden sie **g**rässlich (33): __ – **g**rößer als Ida (50): __– Stimme wie „goldgelber **H**onig“ (30): __ – „Du dämlicher **I**diot!“ (56): __ – verhält sich wie **I**nselchefin (19): __ – „**J**etzt hör doch mal auf!“(15) : __ – „**J**etzt mach mal halblang!“ (10): __ – **ki**chert gerne (109): __ – **ki**ndische T-Shirts (50): __ – „**K**neifzange“ (13): __ – seltsam eckiger **K**opf im Urlaub (125): __ – **K**ranz aus Dünengras im Haar (109): __ – **K**rücken (92): __ – ge**k**rümmter Rücken (27): __ – **l**acht gerne, wenn fit (66): __ – braune Stiefel und **L**ederjacke (19): __ – blaues **L**eihfahrrad (73): __ – Turnschuhe mit **l**euchtenden Lämpchen (105): __ – knallrosa oder knallrote **L**ippen (13/71): __ – wirkt wie ein echter **M**ensch (20): __ – **P**antoffeln (23): __ – braune Augen mit gelben **P**ünktchen (20) : __ – antwortet wie ein **Ro**boter (15): __ – **Ro**llstuhl (13/28): __ – rote Haare (51): __ – roter Pulli (7): __ – sandfarbenes Haar (17): __ – spricht auf **s**pöttisch-verletzende Weise (32): __ – **s**chlurft mit Einkaufskorb durch Supermarkt (25) : __ – **t**rauriger Gesichtsausdruck (25): __ – weißer **V**erband an der Hand (132): __– sieht manchmal **z**erknittert aus (130) : __ – ...

A 4 Trage für Figuren, die ausführlicher beschrieben werden, fünf Merkmale in eigenen Worten zusammen. Für die anderen Figuren genügen drei Merkmale.

Ida	Tess	Hugo
• strenge Arzthelferin, sehr groß, flößt Furcht ein • • • •	• elf Jahre, wirkt aber deutlich älter, ernstes Gesicht • • • •	• fährt blauen Saab, trägt verschlissene Jeans und T-Shirts • • • •

Samuels Mutter	Samuel	Samuels Vater
• bleibt bei Migräne in einem dunklen Zimmer • •	• zehn Jahre und drei Monate, aber zu klein für sein Alter • •	• wirkt beim Fußballspielen recht sportlich • •

Hendrik Giltjes	Jorre	Elise
• 89 Jahre, wohnt in Haus Nr. 7, seit sieben Jahren Witwer • •	• zwölf Jahre alt, ein Meter einundsechzig groß • •	• Hugos Lebenspartnerin, offensichtlich keine Kinder • •

3. Was eine gute Geschichte noch ausmacht

a) Die Aussagen von Illustrationen verstehen

Zeichnungen zu Märchen und Geschichten sind dir längst vertraut, sie unterstützen deine Vorstellungskraft. Gute Illustrationen gehen allerdings noch etwas weiter: Sie veranschaulichen Wesentliches und sie geben Hinweise auf Einzelheiten, die sich mit Worten nicht so gut erklären lassen.

A 1 Gib dem Bild einen Titel, der seine Botschaft treffend zum Ausdruck bringt.

A 2 Schreibe der Illustratorin eine kurze Rückmeldung, wie dir dieses Bild gefällt.

A 3 Um zu erkennen, wie wichtig Details sein können, betrachten wir die Illustration von Seite 22 genauer. Beantworte die Fragen und begründe, woran du das erkennst.

- Woran erkennt der Betrachter, dass die beiden Figuren Walzer tanzen?
- Wo und wann wird getanzt und woran erkennt man das?
- Welche Bedeutung haben die Augen am oberen Rand der Illustration? Schau genau hin!
- Was verrät die Haltung der beiden Tanzenden? Wer scheint zu führen?
- Was verrät der Gesichtsausdruck der beiden Tänzer? Achte dabei besonders auf die Verfärbungen auf der Wange und auf der Nase.

b) Erkennen, wie Spannung erzeugt wird

Lesetexte können langweilig sein – oder spannend. Spannende Bücher fesseln die Aufmerksamkeit und die Gefühle ihrer Leser und lassen sie das Buch begierig bis zum Ende lesen.

A 1 Wie wird Spannung konkret in „Tess" erzeugt? Lies die folgenden Textpassagen und stelle dazu jeweils eine Frage: Was möchtest du genauer wissen?

„Wir konnten Jorre nicht mal mehr sehen, es war, als hätte die Erde ihn verschluckt." (Kap. 1, S. 9)

„Weißt du was über Zebrafische? [...] Spielst du vielleicht Trompete? [...] Hast du mal einen Schnitzkurs gemacht? [...] Dann kann ich dich nicht gebrauchen. Geh ruhig weiter." (Kap. 3, S. 18)

„Der Rest meines Lebens hängt davon ab." (Kap. 3, S. 20)

„Ich hatte keine Ahnung, wovon sie sprach. Ich wusste nur eines sicher: Ich wollte auf keinen Fall alleine hierbleiben." (Kap. 8, S. 45)

„Ein blauer Saab bog in die Einfahrt und Tess ließ mich los. Sie wischte sich die Stirn ab und ich sah, dass ihre Hand zitterte. Ganz kurz dachte ich, ich könnte ihr Herz hören, aber es war mein eigenes." (Kap. 9, S. 50)

A 2 Doch wie entsteht eigentlich Spannung und warum hat sie so eine positive Wirkung auf den Leser? Lies die Begriffserklärung und unterstreiche das Wesentliche.

Spannung ist eine Wirkung auf den Leser, die sich einstellt, wenn etwas Unbekanntes, Ungewisses oder „Seltsames" geschieht. Durch verschiedene „Kniffe" oder „Kunstgriffe" des Autors kann der Text spannend gemacht werden:

- Dem Leser werden Informationen vorenthalten, die notwendig für sein Verständnis sind.
- Er kann sich in einer scheinbar ausweglosen Situation nicht vorstellen, wie es weitergeht, und wartet nun „gespannt", wie die Figur das bewältigt.
- Durch Andeutungen ahnt der Leser, dass sich in der Vergangenheit etwas Wesentliches abgespielt haben muss. Nun muss er weiterlesen, um das Geheimnis doch noch aufzudecken.
- Das Gefühl einer Figur wird so stark dargestellt, dass sich deren Anspannung auf ihn überträgt.

Der Leser wird daher angeregt, Vermutungen anzustellen oder Einzelbeobachtungen miteinander zu kombinieren. Hat er das Rätselhafte verstanden, löst sich die Spannung und der Leser ist zufrieden.

A 3 Zitiere eine Passage aus „Tess", die bei dir persönlich Spannung erzeugt hat.

c) Die Schreibweise der Autorin bewusster wahrnehmen

Bei der Lektüre deiner Lieblingsbücher ist dir vielleicht aufgefallen, dass jede Autorin und jeder Autor anders schreibt. Cornelia Funke formuliert anders als Mirjam Pressler und Paul Maar anders als Otfried Preußler. Diese Lektüren unterscheiden sich nicht nur durch die Geschichten, die erzählt werden, sondern auch durch die jeweilige Schreibweise, also durch den **Stil** ihrer Autoren.

A 1 Erkennst du den Stil von Anna Woltz und ihrer Übersetzerin wieder? Im Folgenden findest du Zitate aus Kapitel 3, 4 und 5. Von den Fortsetzungen ist jeweils nur eine original. Kreuze an, welche Formulierung am besten zum Stil der Autorin passt. Wenn du alles richtig erkannt hast, ergeben die Kennbuchstaben von links gelesen einen Ländernamen.
Tipp: Du kannst dich auch mit deinem Nachbarn über die richtige Lösung beraten!

Das Lampenkabel schlängelte sich ein Stück über die grauen Platten ...
- ○ aber die Lampe war nicht angeschlossen. Keine Steckdose! [A]
- ○ und hörte dann auf. Der Stecker endete im Nichts. [E]
- ○ doch es war nicht eingesteckt. Typisch Mädchen! [N]

An dem Tisch saß ...
- ○ ein Mädchen mit sandfarbenen Haaren und einem ernsten Gesicht. [D]
- ○ eine blonde Zicke mit ernstem Blick und zusammengepressten Lippen. [I]
- ○ ein ernst wirkendes Mädchen mit Haaren, die der Farbe des Sandstrandes glichen. [M]

Eigentlich war es ganz einfach.
- ○ Da sie unaufhörlich schwatzte, hätte ich einfach das Weite suchen können. [O]
- ○ Obwohl sie mit mir sprach, hätte ich mich umdrehen und abhauen können. [W]
- ○ Ich konnte mich umdrehen und weggehen. Aber sie hörte nicht auf zu reden. [N]

... und plötzlich ertönte Musik. Altmodische Musik ...
- ○ voller Geigen, die nicht zu dem halb leeren Parkplatz und der Meeresbrise passte. [A]
- ○ mit Streichern, die weder für die Autofahrer noch für die Möwen spielten. [B]
- ○ mit Geigengedudel, das weder zum Benzingestank noch zur Seeluft passen wollte. [C]

Ich wollte wegrennen, aber sie nahm meine Hand. ...
- ○ Tess war ungefähr so groß wie Jorre und sie klebte vor Schweiß und Aufregung. [H]
- ○ Sie war circa 15 Zentimeter größer und ihre Finger waren ekelhaft klebrig. [F]
- ○ Sie war mindestens einen Kopf größer als ich und hatte klebrige Finger. [L]

Die altmodische Musik spielte weiter. ...
- ○ Es war, als ob sie vornehm schwebte und zugleich fröhlich kreiselte. [G]
- ○ Schwebend, kreiselnd, vornehm, aber trotzdem auch fröhlich. [R]
- ○ Ich fühlte ein Schweben und Kreiseln, das vornehm, aber auch fröhlich klang. [U]

In ihren braunen Augen waren helle Pünktchen. ...
- ○ Als sie mich ansah, spürte ich, dass sie echt war, kein Roboter. [O]
- ○ Sie war kein Roboter, sondern ein echter Mensch. Sie sah mich an. [E]
- ○ Das Wesen, das mich ansah, war kein Roboter: Dieser Mensch war echt. [X]

Meine Finger klebten jetzt fast so sehr wie die von Tess, ...
- ○ aber das war gerade gut. Wenn beide kleben, ist es nicht mehr schlimm. [D]
- ○ doch da wir beide klebten, war es für mich nur noch halb so eklig. [K]
- ○ aber wenn beide kleben, ist es eigentlich okay. [I]

Sie rannte zum Laptop und einen Moment später ...

- ○ tanzten wir schon wieder im Dreivierteltakt auf dem Parkplatz. [P]
- ○ walzte ich mit Tess im Sonnenschein über den Parkplatz. [S]
- ○ schwebten wir wieder zusammen über den sonnigen Parkplatz. [E]

„Ich habe mal kurz einen Walzer getanzt", sagte ich ...

- ○ cool, denn ich fühlte mich total high von den vielen Drehungen. [T]
- ○ ganz lässig, aber es fühlte sich an, als würde ich schweben. [I]
- ○ mit einer Stimme, die sich anfühlte, als würde sie schweben. [G]

Am liebsten hätte ich eine mit Sternen übersäte Fahne geschwenkt. ...

- ○ Hier bin ich! Ich tanze mit einem Mädchen mit Pünktchenaugen. [N]
- ○ Kaum zu glauben, dass ich mit einem Mädchen tanze, das Pünktchenaugen hat. [P]
- ○ Wow! Wer tanzt denn da mit einem Pünktchenaugen-Mädchen? Ich! [H]

Lösungswort ___ ___ ___ ___ ___ ___ ___ ___ ___ ___ ___ ← (von rechts!)

A 2 Lies folgende Begriffserklärung durch und unterstreiche, was du für wesentlich hältst. Halte abschließend durch Ankreuzen fest, wie dir der Stil des Jugendbuches gefällt, und begründe deine Einschätzung. Auf den Leerzeilen darfst du eigene Wertungen formulieren.

Stil nennt man die typische und daher wiedererkennbare Schreibweise eines Autors. Der Autor gestaltet seinen Text, indem er bestimmte Wörter auswählt und seine Sätze so konstruiert, dass er das Gemeinte möglichst treffend zum Ausdruck bringt. Oft formuliert der Autor seine Sätze mehrfach um, bis die Schreibweise optimal zum Inhalt passt. Man sagt auch: Er feilt an seinem Stil.

Der Stil von Anna Woltz gefällt mir ○ sehr gut ○ gut ○ ein bisschen ○ nur an wenigen Stellen ○ überhaupt nicht ○ ______________________, weil sie ○ verständlich formuliert ○ lebendig und spannend schreibt ○ originelle Bilder und Vergleiche verwendet ○ langweilig und weitschweifig formuliert ○ familiäre und jugendsprachliche Ausdrücke verwendet ○ so schreibt, wie Zehn- bis Zwölfjährige denken und sprechen ○ ______________________.

Ich ○ musste oft lachen oder schmunzeln ○ konnte mir alles gut vorstellen ○ war fasziniert von den witzigen Dialogen ○ konnte mich gut in die Figuren hineinversetzen ○ fand manche Formulierungen unpassend oder unverständlich ○ musste mich zum Lesen zwingen ○ konnte mich nicht von der Lektüre losreißen ○ hatte sogar Spaß, den Text laut zu lesen, ○ ______________________.

Daher ○ empfehle ich „Tess" weiter ○ lese ich das Buch noch einmal ○ möchte ich weitere Titel von A. Woltz lesen ○ rate ich davon ab ○ ______________________.

4. Probleme und Lösungen: der Weg zum Happy End

a) Vom Osterküken bis zum Tod: was Samuel bedrückt

A 1 Schau dir links die Illustration von Seite 69 genauer an. Beschreibe und deute, wie sich Samuel vermutlich gerade fühlt.
Folgende Fragen helfen dir dabei:
- Was bringen Samuels Augen und seine gesamte Mimik zum Ausdruck?
- Worauf könnte die Größe seines Kopfes hinweisen?
- Warum hat die Illustratorin dunkle Wolken eingezeichnet?

A 2 Bringe in jeweils einem Satz auf den Punkt, was Samuel in Bezug auf folgende Stichworte bedrücken oder was ihn wütend machen könnte.

Osterküken Nr. 5 und Peinlichkeit:

Samuels Vater und Jorre:

Streit mit Tess:

Gedanken an den Tod:

A 3 Mache zu einem dieser Probleme einen Lösungsvorschlag.

Samuel könnte

b) Das Problem von Tess: Lassen sich Gefühle erzwingen?

»AAAAAAAAAAAAAAAAAAAAAAAAAAAAAAAAAAAAAAAAAAAAAAAAAAAAAAAAAAAAAAAA!«

A 1 Deute Tess' Gesichtsausdruck in der Illustration von Seite 83.
Folgende Fragen helfen dir auf die Sprünge:

- Was ist zuvor geschehen?
- Warum reagiert sie so?
- Welche Rolle spielt Samuel dabei?

A 2 Fülle nun die beiden Gedankenblasen aus:
Was empfindet **Tess**, nachdem sie Hugo das erste Mal getroffen hat?
Wie könnte **Samuel** das Problem sehen? Welche Lösung könnte ihm vorschweben?

c) Wie Freundschaft entsteht

Eine der spannendsten Fragen ist, wie und wodurch Freundschaft entsteht oder wie man Freunde gewinnt. Je nach Erfahrung werden dafür gegensätzliche Sprichworte angeführt:

○ **„Gleich und Gleich gesellt sich gern."** oder ○ **„Gegensätze ziehen sich an."**

A 1 Welchem Sprichwort würdest du spontan zustimmen? Kreuze die deiner Meinung nach richtige Aussage an und halte in Stichworten Gemeinsamkeiten und Unterschiede zwischen Tess und Samuel fest.

Gemeinsam haben Tess und Samuel, dass sie

Sie unterscheiden sich in folgenden Punkten:

A 2 Doch was versteht man eigentlich unter „Freundschaft"? Lies die folgende Definition und unterstreiche mit Grün die Aussagen, denen du zustimmen kannst, mit Rot, wenn du anderer Meinung bist.

Freundschaft ist eine wertvolle Beziehung zwischen Menschen. Sie entsteht, wenn Menschen sich mögen und dies auch in Gesprächen, Gesten oder anderen Zeichen sowie im Verhalten zum Ausdruck bringen. Die Zuneigung bewirkt, dass man sich in der Nähe des Freundes wohlfühlt, dass man Freude empfindet, dass man miteinander lachen, aber auch negative Gefühle teilen kann. Freundschaft bedeutet, dass Freunde füreinander das Gute wollen (Wohlwollen).

Zum Wesen der Freundschaft gehören auch gegenseitiges Vertrauen und Verantwortung füreinander. **Vertrauen** wächst durch Verlässlichkeit und Glaubwürdigkeit sowie durch die Erfahrung, dass man dem Freund Geheimnisse, innerste Gedanken und Gefühle anvertrauen kann und dieser alles für sich behält. **Verantwortung** für einen Freund zeigt sich, indem man sich um ihn sorgt, wenn es ihm schlecht geht, und indem man ihm uneigennützig hilft.

Freundschaft ist selbst bei unterschiedlichen Charaktereigenschaften und Einstellungen möglich, wenn sich beide mit Respekt und Einfühlungsvermögen begegnen.

A 3 Nun soll die Entwicklung der Freundschaft zwischen Tess und Samuel nachgezeichnet werden. Die folgenden Zitate erinnern an wichtige Etappen auf diesem Prozess.
Lies die jeweilige Textstelle nach und halte in einem kurzen Satz fest, wie in dieser Situation Freundschaft entsteht oder gefestigt wird. Dabei darfst du den Ideenspeicher von Seite 31 verwenden.

Sie war kein Roboter, sondern ein echter Mensch. (Kap. 3, S. 20)

„Eigentlich mag ich seltsam." – „Ich auch", sagte ich sofort, ohne zu wissen, ob es überhaupt stimmte. (Tess und Samuel in Kap. 4, S. 26)

„Wir müssen ihm helfen.“ – „Okay [...] Dann machen wir ein Begräbnis.“ (Samuel und Tess, in Kap. 4, S. 25 f.)

„Ich will hierbleiben. Bei diesem Mädchen.“ (Samuel in Kap. 5, S. 30)

Sie sah mich flehend an, und plötzlich begriff ich es. [...] Zwei Sekunden blieben mir, um zu entscheiden, ob ich ihr half oder sie verriet. (Kap. 14, S. 72)

„Ich bin deinetwegen hier.“ (Tess in Kap. 21, S. 102)

Natürlich freute ich mich für sie. Mehr als das. Ich war glücklich für sie. (Samuel in Kap. 36, S. 165)

Auf Nummer vier stand Tess. [...] wenn ich mir von jemandem wünschte, dass er zu meiner Beerdigung käme, dann war sie es. (Samuel in Kap 36, S. 165)

A 4 Suche nun selbst nach weiteren Situationen, in denen sich die Freundschaft zwischen Tess und Samuel festigt. Halte diese in Stichworten (mit Seitenbeleg) fest.

Ideenspeicher: über Äußerlichkeiten hinwegsehen – sich einfühlen – auf den anderen eingehen – ernst nehmen – sich für ... entscheiden – Gefühle zeigen und miteinander teilen – Geheimnisse anvertrauen – Gemeinsamkeiten entdecken – es gut meinen mit ... – dem anderen helfen / ihn nicht im Stich lassen – sich hineinversetzen – Humor zeigen – Kritik annehmen – voneinander lernen – miteinander lachen und singen – offen die Meinung sagen – zum Nachdenken bringen – Ratschlag geben/annehmen – etwas für den anderen riskieren – sich sorgen um – sympathisch finden – Verantwortung übernehmen – Verständnis haben – verzeihen können – Vorurteile gegenüber dem anderen Geschlecht überwinden – sich wohlfühlen – gleiche Ziele haben – zuhören

A 5 Freundschaft muss sich entwickeln und auch Streit, Enttäuschungen oder Rückschläge aushalten. Fasse nun deine Meinung zusammen: Warum gelingt es Tess und Samuel, dauerhaft Freundschaft zu schließen? Was ist wesentlich in ihrer Beziehung zueinander?

d) Jorres Kuhle und Samuels Albträume

„So ein tiefes Loch hatte ich bislang erst ein einziges Mal gesehen.“ (S. 9)

A 1 Zunächst löst Jorres Sturz in die Kuhle in Samuel Ängste aus, die in zwei Albträumen zum Ausdruck kommen.
Lies die beiden Traum-Stellen (S. 64 und 92) nach und vergleiche sie miteinander. Notiere die Inhalte der Träume in Stichworten.

[...] Ich konnte üben, dass andere Menschen tot waren.“ (S. 99)

A 2 Samuel spielt die Situation seines zweiten Traums in der Sandkuhle nach (S. 96 – 99). Was probt er zuerst? Zu welcher Einsicht gelangt er? Und was will er daraufhin proben? Erkläre!

„Du bist kein einsamer Dinosaurier. Du bist ein Mensch.“ (Tess, S. 103)

A 3 Zu welcher neuen Einsicht verhilft Tess Samuel? Fasse kurz zusammen! (vgl. S. 102 ff.)

„Du bist der dümmste Junge in neunundachtzig Jahren.“ (Hendrik, S. 129)

A 4 Warum bezeichnet Hendrik Samuel so? Halte fest, was der alte Mann ihm rät.

A 5 Was denkst du über Hendriks Aussage? Kreuze an und begründe deine Meinung.

Das sehe ich ○ auch so ○ anders, weil

e) Zwei Brüder kommen wieder miteinander ins Gespräch

Leider gibt es nur die Illustration von Jorres Sturz in die Kuhle (S. 8). Aber wie hat er wohl auf der Bühne beim Musical ausgesehen? Wie bei der verpatzten Aufnahmeprüfung? Wie liegt er mit gebrochenem Bein im Sand oder wie stellen wir ihn uns mit Gips im Rollstuhl vor?

A 1 Zeichne Jorre in einer dieser Situationen.

A 2 Beantworte die beiden Fragen und erkläre Jorres bzw. Samuels Stimmung.

- Warum ist Jorre so schlecht drauf? Erkläre, warum er das ausgerechnet an Samuel auslässt.

„[...] es fühlte sich an, als würde ich schweben. Das kam [...] vor allem von ihrem Blick. So hatten sie mich noch nie angesehen. Am liebsten hätte ich eine mit Sternen übersäte Fahne geschwenkt. Hier bin ich! Ich tanze mit einem Mädchen mit Pünktchenaugen." (Samuel in Kap. 5, S. 28)

- Warum wird Samuel auf einmal anders wahrgenommen? Was hat sich für ihn selbst verändert?

„Tja, dann erzähl es uns mal. Aber bitte von Anfang an, ich habe wirklich kein Wort verstanden. Und das liegt nicht daran, dass ich dumm bin. Das liegt daran, dass du verrückt bist." (Jorre in Kap. 36, S. 167)

A 3 Was für eine Veränderung, wenn man bedenkt, wie Jorre zu Beginn und am Ende der „wunderbaren Woche" mit Samuel spricht! Ein Wendepunkt in der Beziehung von beiden ist die Kissenschlacht im Kapitel 29.
Schreibe Jorres stichwortartigen Tagebucheintrag nach dieser Kissenschlacht.

f) Zusammengehören, ohne eine Familie zu sein?

A 1 Schau dir die Illustration von Seite 141 genauer an. Schreibe auf, was Regina Kehn, die Illustratorin, mit Herzen, Nabelschnur und Schere zum Ausdruck bringen möchte.

„Meine Mutter hat lange und sorgfältig darüber nachgedacht. Und dann ist sie zu dem Ergebnis gekommen, dass es so besser ist." (Tess, S. 26)

A 2 Was ist damit gemeint? Lies in Kapitel 6 nach und fasse Idas Meinung zusammen.

A 3 Versetze dich in Tess' Lage und lass sie ihrer Mutter die eigene Meinung sagen.

„Da standen sie, zu dritt. Hugo, Ida und Tess. Vater, Mutter und Tochter. Sie waren keine Familie. Trotzdem gehörten sie zusammen." (S. 172)

A 4 Zeichne ein Bild, dass Samuels Beobachtung zum Ausdruck bringt.

g) Auch Hendrik Giltjes kann geholfen werden

Der alte Mann begegnet uns bei der Lektüre nur in wenigen Kapiteln, aber sein Problem berührt Samuel, Tess und damit auch die Leser, die ungefähr 80 Jahre jünger sind.

A 1 Blättere im Buch – oder einfacher noch: in deinem Lesetagebuch – und schau dir die Kapitel nochmals an, in denen Hendrik vorkommt. Auch die Illustration von Seite 24 erinnert dich an manche Details. Halte in Stichworten das Wesentliche zu Hendrik fest.

A 2 Beantworte knapp die folgenden Fragen. Alternativ kannst du statt einer echten Antwort auch ein passendes Zitat verwenden. Sollte das Zitat zu lang sein, darfst du es durch Auslassungszeichen [...] kürzen.

- In welcher Verfassung ist Hendrik, als Samuel ihn zum ersten Mal sieht?

- Warum lohnt es sich für den neunundachtzigjährigen Mann „immer noch“ (S. 38) zu leben?

- Wie könnte Hendrik die Lehre, die er Samuel gibt, auch auf sich selbst beziehen?

- Wie kann Hendrik geholfen werden, obwohl er eigentlich schon zu alt für ein Haustier ist?

5. Zusammenhänge erkennen und erzählen

a) Samuel erzählt, was bisher geschehen ist (Nacherzählung)

A 1 Schau dir links die Illustration von Seite 111 genauer an und überlege, was die einzelnen Bildelemente zum Ausdruckbringen. Was ist für das Verständnis der Handlung wesentlich, was fehlt noch?
Selbstverständlich darfst du diese Zeichnung auch ausmalen und durch weitere Bildmotive ergänzen.

A 2 Noch ahnen seine Eltern nicht, was Samuel gemeinsam mit Tess erlebt hat, während sie sich um Jorre gekümmert haben. Lass nun Samuel den Eltern erzählen, was bis zur Schnitzeljagd passiert ist. Reicht der Platz nicht aus, schreib im Heft weiter.

Ihr kennt doch Tess und ihre merkwürdige Mutter. Vielleicht habt ihr euch gewundert, dass ich mit Tess Walzer getanzt und so viel Zeit mit ihr verbracht habe. Aber es war wichtig, weil der Rest ihres Lebens davon abhing. Sie hatte nämlich ein großes Problem: ______

In einer **Nacherzählung** werden Erlebnisse in der Vergangenheitsform spannend und anschaulich nacherzählt. Dabei muss der Erzähler überlegen, was seine Zuhörer bereits wissen und was sie nicht wissen können: Er darf kurz fassen, was er voraussetzen kann; das für das Verständnis Notwendige muss er dagegen ausführlich erzählen. Anschaulich ist es für die Zuhörer, wenn der Erzähler Gefühle zum Ausdruck bringt oder treffende Äußerungen wörtlich zitiert.

b) Geschichten aus verschiedenen Perspektiven erzählen

Im Jugendbuch von Anna Woltz erzählt uns Samuel von seiner Woche mit Tess. Da seine Familie die spannendsten Ereignisse nicht miterlebt hat, erzählt er nachträglich noch einmal, was geschehen ist (vgl. S. 167). Beim „**Nach**erzählen" fasst er zwar für seine Zuhörer die Handlung anschaulich zusammen, aber er erzählt aus der gleichen – uns Lesern bereits bekannten – Perspektive.

A 1 Was geschieht aber mit einer Geschichte, wenn sie von einer anderen Figur erzählt wird? An diesem spannenden Experiment darfst du nun teilnehmen.
Wähle einen der folgenden Perspektivwechsel aus und erzähle die vorgegebene Situation in der Ich-Form aus dem Blickwinkel des jeweils anderen Erzählers.

- ○ **Jorre** erzählt nach den Maiferien auf dem Pausenhof von der „ödesten Woche" seines Lebens: was ihm am ersten Ferientag passiert ist und warum ihn sein jüngerer Bruder so genervt hat …
- ○ **Tess** erzählt Hugo, wie sie Samuel zum Walzertanzen animiert hat.
- ○ **Hendrik** erzählt bei einem Arztbesuch Ida, wie ihm Tess und Samuel bei seiner Trauer um Remus beigestanden haben.
- ○ **Ida** erzählt ihren Freundinnen beim gemeinsamen Mittagessen, wie sie beim Anruf des „Zwergtouristen" auf die Nachricht von Tess' Schwangerschaft reagiert hat.
- ○ **Hugo** erzählt Tess, wie es Samuel geschafft hat, ihm die Wahrheit zu sagen, ohne Tess dabei zu verraten.

Methode: Nacherzählen aus veränderter Perspektive

Erzähler können nur erzählen, was sie selbst erlebt oder von anderen erfahren haben, was sie also wissen. Was sie erzählen, wird immer aus dem eigenen Blickwinkel erzählt.

Wenn aus veränderter Perspektive erzählt wird, ist der Erzähler eine andere Figur. Deshalb darf er auch andere Schwerpunkte setzen, die Handlung ausgestalten und aus eigenen Gedanken und Gefühlen heraus kommentieren. Die Figur muss sich dabei aber am Handlungsverlauf (bzw. an der Textvorlage) orientieren und darf nichts Wesentliches hinzuerfinden.

Dass zwei Erzähler ein Ereignis unterschiedlich darstellen, ist kein Widerspruch, sondern eine Ergänzung und Bereicherung. So wie Menschen Situationen unterschiedlich erleben, so erzählt jeder die gleiche Geschichte etwas anders. Jeder konstruiert zwar seine eigene Geschichte oder Wirklichkeit, aber alle Sichtweisen zusammen ergeben ein vollständigeres Bild.

c) Motive halten die Handlung zusammen

Wer ein Buch aufmerksam liest, dem fällt auf, dass bestimmte Wörter bewusst wiederholt werden. Das beste Beispiel ist *seltsam*, das uns mehrfach schmunzeln lässt. Dass solche Motive interessante Zusammenhänge herstellen, beweisen die unterschiedlichen Meinungen zu Tess' Katze.

Ein Unterrichtsgespräch zum Katzen-Motiv:

Salomé: Puss ist ja nur so dick, weil sie schwanger ist. – **Leon**: In Bio haben wir gelernt, dass das bei Tieren eigentlich *trächtig* heißt. – **Lehrer**: Weil es im Niederländischen für beides nur ein Wort gibt, nämlich *zwanger*? – **Sofia**: Und wenn Anna Woltz in der Übersetzung *schwanger* absichtlich beibehalten hat, weil Samuel Ida aus der Arztpraxis weglockt, indem er behauptet, dass Tess schwanger ist? – **Mike**: Oder weil Ida Hugo nicht gesagt hat, dass sie von ihm schwanger ist? – **Lotte**: Aber die Geburt der Katzenjungen ist doch auch eine Art Geburtstag für Tess und Hugo. – **Jule**: Und Geburt ist das Gegenteil von Tod. Die Handlung beginnt zwar mit dem Tod von Bellas Vater und der Beerdigung von Remus, aber sie endet dank Puss mit Luftballons und einem Happy End. – **Ahmet**: Und als Tess Samuel erklärt, dass Puss noch diese Woche wirft, meint sie doch die „seltsam wunderbare Woche", die sie gemeinsam mit Samuel erlebt.

A 1 Lies dir die einzelnen Wortmeldungen nochmals durch und fasse zusammen, wie selbst eine „tierische" Nebenfigur die Handlung zusammenhalten kann.

A 2 Wähle eines der fünf Motive aus und erkläre, warum es für die Handlung wichtig ist.

- ○ seltsam (Titel sowie u. a. S. 26, 55, 81, 96, 105)
- ○ verrückt (u. a. S. 10, 85, 102, 105, 167)
- ○ Pünktchenaugen (u. a. S. 20, 22, 28, 51, 107)
- ○ Luftballons (u. a. S. 1, 169, 171, 172, 175, 176)
- ○ Der Rest meines Lebens hängt davon ab. / Es wird dein Leben verändern. (u. a. S. 20, 90, 147)

Motiv: Wörter, Sätze oder Bilder, die in einem Text wiederkehren. Motive verbinden Figuren oder Textpassagen miteinander und treiben – wie es die lat. Herkunft des Wortes (Bewegung, Antrieb) verrät – die Handlung voran. Motive verweisen auf typische Eigenschaften der Figuren oder auf besondere Begebenheiten und dienen der Unterhaltung und als Leseanreiz.

A 3 I believe I can fly (S. 41, 176)
Hör dir das Lied (z. B. auf YouTube) an und erkläre, warum es gemeinsam mit dem Luftballonmotiv für die Handlung wichtig ist.

d) Interview mit Anna Woltz

© Merlijn Doomernik / Carlsen Verlag, Hamburg

Anna Woltz wurde 1981 in London geboren und wuchs in Den Haag auf. Sie studierte Geschichte in Leiden und arbeitet seither als Autorin und Journalistin. In den Niederlanden und Deutschland sind ihre Bücher bereits vielfach ausgezeichnet worden. Sie lebt und schreibt zurzeit in Utrecht. *Die Fragen stellte Stephan Gora.*

Zunächst entschuldigen Sie bitte, dass ich meine Fragen auf Deutsch stelle, aber ich vermute, dass Anna Woltz besser Deutsch spricht als wir Deutschen Niederländisch.

Anna Woltz: Mein Deutsch ist ganz und gar nicht perfekt! Ich spreche es häufig und kann fast alles verstehen, was ich lese und höre, aber ich mache noch jede Menge Fehler, wenn ich Deutsch spreche oder schreibe. Manche Menschen würde das nicht stören, aber mich stört es: Denn ich liebe Sprachen und Wörter, und Grammatik richtig zu gebrauchen, ist mir sehr wichtig. Ich möchte genau das ausdrücken können, was ich meine, und nicht nur irgendetwas dahersagen.

Mögen Sie Ihren jungen Lesern erklären, warum Sie „Meine wunderbar seltsame Woche mit Tess" Ihrem Hund Jefta gewidmet haben?

Anna Woltz: Jefta war der beste Hund, den es je gab; ich habe ihn so geliebt ... Während ich an „Meine wunderbar seltsame Woche mit Tess" gearbeitet habe, wurde er krank und starb. So fand ich es passend, ihm das Buch zu widmen; in der Geschichte erkennt der zehnjährige Samuel zum ersten Mal im Leben, dass jeder eines Tages sterben muss. Und ich erkannte, dass im wirklichen Leben sogar die besten Hunde der Welt eines Tages sterben ...

Tiere scheinen in „Tess" ja eine besondere Rolle zu spielen ...

Anna Woltz: Ich liebe Tiere, deshalb spielen sie in jedem meiner Bücher eine Rolle. In „Tess" beschließen Tess und Samuel, ein Begräbnis für einen kleinen Kanarienvogel zu organisieren. Der Kanarienvogel ist das geliebte Haustier eines sehr, sehr alten Mannes, der aussieht wie der Großvater aus einem Märchen. Dieses Begräbnis löst eine Menge aus: Tess und Samuel werden Freunde, und Samuel beginnt darüber nachzudenken, was es bedeutet, geliebte Wesen zu verlieren ...

Gab es für Samuels melancholische Grundstimmung und seine Todesfantasien einen Anlass in Ihrer Erfahrungswelt?

Anna Woltz: Als ich 27 war, starb meine beste Freundin – sie war ebenfalls 27. Sie war eineinhalb Jahre krank gewesen. Es war eine anstrengende und furchtbare Zeit: so jung zu sein und zu wissen, dass dir nur noch ein paar Monate bleiben ... Ich erkannte, dass das Leben in jedem Augenblick zu Ende sein kann. Was wirklich zählt: nicht die großen Abenteuer wie Bungeejumping oder Partyfeiern, sondern die ganz alltäglichen Dinge – die Dinge, die wir „klein" nennen, die aber in Wahrheit großartig sind: einen Sommertag mit deiner Familie im Park genießen, zu Hause gemeinsam fernsehen, Geburtstag feiern, ohne denken zu müssen: „Das ist jetzt mein letzter Geburtstag ..."

Tess wird im Titel genannt, aber ist nicht eigentlich Samuel, der Philosoph und Ich-Erzähler, die Hauptperson?

Anna Woltz: Ich denke, diese Geschichte hat tatsächlich zwei Hauptfiguren – Tess und Samuel. Und sie kommen beide im Titel vor: Tess als „Tess" und Samuel als „meine".

Beim Lesen fällt auf, dass Sie Ihre Figuren stark in systemischen Zusammenhängen charakterisieren. Die Beeinflussung von Tess durch die Mutter ist unverkennbar, aber auch bei Samuel können die jungen

Leser gut nachempfinden, wie Samuel geprägt wird von der unter Migräne leidenden Mutter oder von der Rivalität mit dem Bruder.

Anna Woltz: Ich glaube, dass Familie sehr wichtig ist – für Erwachsene, aber besonders für Kinder. Familie bestimmt, was du über das Leben lernst. Familie kann man sich nicht aussuchen, man muss diejenige annehmen, in die man hineingeboren wird. Für mich ist das eine der interessantesten Fragen im Leben und besonders im Leben eines Kindes. Deine Familie bestimmt dein Leben bis zu einem gewissen Alter, und ich schreibe gerne über den Moment im Leben eines Kindes, wenn es erkennt, dass es sich von den Eltern löst: wenn es Freunde außerhalb des familiären Kreises findet, wenn es erkennt, dass die Eltern nicht perfekt sind und wenn es sich selbst als eigenständiges Lebewesen wahrnimmt.

Haben Sie von erwachsenen Leserinnen Reaktionen auf Ihre Schilderung von Ida bekommen? Ich könnte mir vorstellen, dass Alleinerziehende, die sich ähnlich wie Ida verhalten, Ihr Buch als Kritik auffassen könnten – oder als Ermutigung, dass sie nichts verlieren, wenn ihr Kind seinen Vater kennt.

Anna Woltz: Nachdem ich „Tess" 2012 geschrieben hatte, habe ich 2017 selbst mein erstes Kind bekommen, einen wunderbaren Jungen. Wir sind zu zweit und ich bin – wie Ida – ebenfalls eine „alleinerziehende Mutter". Ich schrieb also damals über mein zukünftiges Leben, ohne zu ahnen, dass es so kommen würde. Ich bin neugierig, was mein Sohn in ein paar Jahren über dieses Buch sagen wird ... Aber zu Ihrer Frage: In den Niederlanden kamen keine derartigen Reaktionen auf „Ida" – ich denke, wir sind in diesen Dingen sehr liberal. Aber einige erwachsene deutsche Leser merkten an, dass die Figur der Ida schon sehr modern und „mit Ecken und Kanten" sei. Ich verstand, dass sie nicht wirklich einverstanden waren mit Idas eigenwilligen Entscheidungen ...

Ich persönlich war nicht nur von Ihrer Geschichte, sondern auch von Regina Kehns Illustrationen angetan. Haben Sie als Autorin auf die grafische Gestaltung Einfluss genommen oder haben Sie Regina Kehn Ihre eigene Fantasie entwickeln lassen?

Anna Woltz: Ich mag Reginas Illustrationen wirklich sehr! Mein deutscher Verlag, Carlsen, bat Regina, das Buch zu illustrieren, und ich denke, das war eine hervorragende Entscheidung. Regina sagte mir, dass sie mein Buch vom ersten Augenblick an mochte. Bevor sie anfing zu zeichnen, fuhr sie nach Texel, die holländische Insel, auf der das Buch spielt. Sie wollte sehen, wie es auf Texel aussieht, und es ist ihr gelungen, das Inselfeeling mit ihren Illustrationen ganz genau einzufangen. Mir gefällt auch, dass das ganze Buch in dunkelblauer Schrift gedruckt ist, die Zeichnungen in einem eigenen Blauton, das gibt dem Buch eine Art Meeresbrisen-Look.

Wenn man die Originalausgabe zur Hand nimmt, hat der Leser aufgrund des Titelfotos eine ganz andere Vorstellung von Tess, als wenn er die deutsche Ausgabe in Händen hält. Warum hat sie sich so verändert?

Anna Woltz: Die Tess auf dem deutschen Cover ist die Tess von Regina Kehn und um ehrlich zu sein, ich mag ihr Aussehen lieber als das der holländischen Ausgabe.

Bereits in „Tess" kommen Gips und ein Krankenhaus am Rande vor. Hatten Sie schon 2013 die Idee zu „Gips", Ihrem nächsten Jugendbuch, das die Themen Trennung der Eltern und Eifersucht zwischen Geschwistern vertieft?

Anna Woltz: Nein – eigentlich nicht. Die Reihenfolge der Veröffentlichungen war in den Niederlanden etwas anders als in Deutschland: Zuerst erschien „Tess", dann „Hundert Stunden Nacht" und danach „Gips". Zu „Gips" wurde ich von meiner Schwester angeregt. Sie ist Ärztin. 2013 arbeitete sie bereits als Ärztin und sie hat mich inspiriert, über Ida zu schreiben, also über die Assistentin eines Arztes. Später dann, 2015, entschied ich mich, ein ganzes Buch zu schreiben, das im Krankenhaus spielt. Wie ich bereits sagte: Familienbeziehungen spielen immer eine wichtige Rolle in meinen Büchern; in jedem Roman erkunde ich eine andere Art von Familie ... In „Tess" ist es eine alleinerziehende Mutter mit Tochter, in „Gips" sind es kürzlich geschiedene Eltern.

Meine Schülerinnen und Schüler haben beim Vorlesen aus Ihrem Buch oft herzhaft lachen müssen. Welche Rolle spielen Humor und Heiterkeit bei der Konzeption Ihrer Bücher? Oder spiegelt sich im Humor Ihrer Bücher Ihre eigene Grundstimmung?

Anna Woltz: Ich habe wirklich eine sehr positive Einstellung gegenüber dem Leben. Darüber hinaus halte ich Humor für wesentlich, vor allem in einem Buch, in dem es auch um sehr ernste Themen geht. Samuel denkt über den Tod nach, aber das heißt nicht, dass „Tess" ein finsteres Buch ist. Ich wollte eine lustige, abenteuerliche und wunderbare Geschichte schreiben, die zugleich etwas Ernstes behandelt. Deshalb freut es mich besonders zu hören, dass Ihre Schüler mein Buch lustig fanden.

Inzwischen sind Sie selbst Mama geworden. Herzlichen Glückwunsch! Welchen Ratschlag werden Sie Ihren Kindern geben, wenn diese mit zehn, elf oder zwölf Jahren mit Ihnen in Urlaub fahren?

Anna Woltz: Hör auf, auf dein Handy zu starren, schau dich um und nimm die Welt wirklich wahr. Fühle den Wind in deinem Gesicht, rieche die See, höre den Vögeln zu – und hoffentlich findest du einen Jungen oder ein Mädchen, das so abenteuerlustig und fröhlich wie Tess ist. Ihr Credo lautet ja: „Ich liebe seltsam." Und das ist auch mein Credo: Normal ist langweilig.

Und welche Buchtitel würden Sie Ihren Kindern empfehlen, wenn diese so aufgeweckt sind wie Tess und Samuel?

Anna Woltz: Von meinen eigenen Büchern würde ich „Gips" empfehlen, aus allen Büchern „Ronja Räubertochter" von Astrid Lindgren – es ist und war schon immer mein Lieblingsbuch.

Hartelijk bedankt, Anna Woltz, voor dat interessante interview!

Anna Woltz: You're welcome! Gern geschehen!

A 1 Unterstreiche im Interview Aussagen, die dir gut gefallen, und halte fest, was sich in deinem Verständnis von „Tess" oder in deiner Meinung verändert hat.

A 2 Schreibe Anna Woltz eine kurze Nachricht! Wie hat dir ihr Jugendbuch gefallen? Welche Gedanken daraus könnten dir helfen, Freunde zu finden? Kannst du dir vorstellen, dich eines Tages – wie Anna Woltz sagt – von deinen Eltern zu lösen?

6. Und wo stehst DU nach der Lektüre?

a) Wie du deine Geschwister und deine Eltern wahrnimmst

A 1 Inzwischen hast du das Buch von Anna Woltz zu Ende gelesen und es hat dich vielleicht auch angeregt, über deine eigene Familie nachzudenken.
Falls du Geschwister hast: Wie ist das Verhältnis zu deinem Bruder oder deiner Schwester? Bist du jünger oder älter oder bist du ein Sandwich-Kind? Zieh einmal eine Zwischenbilanz: Bist du eher froh, dass du Geschwister hast, oder wärst du lieber ein Einzelkind?
Falls du keine Geschwister hast: Sehnst du dich nach einem Bruder oder einer Schwes-ter? Sollten sie jünger oder älter sein? Male dir aus, wie es wäre, wenn ...

A 2 Beim Lesen ist dir gewiss aufgefallen, wie stark Tess und Samuel von ihrer jeweiligen Familiensituation geprägt sind. Überlege nun, in welchem Umfang das auch auf dich zutrifft. Kreuze an und setze den begonnenen Satz am Ende fort.

Am meisten hat mich wohl ○ meine Mutter ○ mein Vater geprägt, weil

Von meiner Mutter habe ich die folgenden Eigenschaften:

Von meinem Vater habe ich die folgenden Eigenschaften:

Geprägt hat / haben mich auch (z. B. Geschwister / Großeltern), indem

b) Zwischen Samuel und Tess: Finde dich selbst!

A 1 Worin unterscheidest du dich von Samuel oder Tess? Konzentriere dich auf drei Eigenschaften. Bist du froh, dass du dich in diesen Punkten unterscheidest oder möchtest du dir vielleicht doch „ein Scheibchen von ihm oder ihr abschneiden"? Kommentiere!

Charaktereigenschaften von Tess oder Samuel	Meine eigenen Eigenschaften und Verhaltensweisen	Mögliche Konsequenzen aus dem Vergleich

Mein Kommentar:

A 2 Vielleicht kennst du Mitschüler oder Freunde, die ähnlich melancholisch wie Samuel sind, die auch intensiv über das Sterben nachdenken. Was würdest du ihm oder ihr raten?

A 3 Kennst du Mitschüler oder Freunde, die ähnlich eigenwillig wie Tess sind? Was würdest du ihm oder ihr raten?

A 4 Setze den Satz fort.

Ich bin froh, dass ich so bin, wie ich bin! Denn

c) Wie Samuel und Tess: Ergreife selbst die Initiative!

Zu Beginn des Jugendbuchs erleben wir Samuel als schüchternen Jungen, der am liebsten die Polizei rufen möchte, als Tess ihn berührt, der als Osterküken noch in die Hose gemacht hat und als Jüngster in der Familie nicht besonders ernst genommen worden ist. Und dann diese Entwicklung!

A 1 Markiere mit Daumen hoch (👍) oder Daumen runter (👎) oder mit Unentschieden (?), wie du die jeweiligen Schritte dieser Entwicklung bewertest.

_____ Er möchte vor Stolz am liebsten eine Fahne schwenken, nachdem er mit Tess getanzt hat. (S. 28)

_____ Er erklärt seinem erstaunten Vater, dass er hier „bei diesem Mädchen" (S. 30) bleiben möchte.

_____ Er entscheidet, ob er in der Situation mit dem Picknick (S. 72) Tess hilft oder sie verrät.

_____ Er übernimmt das Kommando, als Hugos Wunde genäht werden muss. (S. 112/113)

_____ Er trickst Ida listig aus, als er ihr von Tess' Schwangerschaft erzählt. (S. 116)

_____ Er geht selbstständig zu Hendrik, um sich von ihm einen Rat geben zu lassen. (S. 127 ff.)

_____ Er geht ein hohes Risiko ein und entscheidet selbstständig, als er Hugo informiert. (Kap. 31)

_____ Er ermutigt Hugo, einen Erwachsenen(!), als er ihm „Los" (S. 153) zuflüstert.

A 2 Wow! Was für eine Veränderung! Und Tess? Halte fest, was sie erfolgreich verändert hat und wozu sie die Initiative ergriffen hat. Hat sie sich selbst auch verändert?

A 3 Überlege nun, was dich manchmal an dir selbst ärgert oder womit du unzufrieden bist. Schreibe auf, was du an dir verändern möchtest. Eine Fähigkeit verbessern? Etwas mutiger sein? Neue Freunde finden? Von anderen Menschen besser wahrgenommen werden? Dabei darfst du auf Wendungen aus dem Speicher zurückgreifen!

Wortspeicher von A bis Z:
sich mit einem Anliegen durchsetzen – sich bekennen zu ... – einspringen, wenn Hilfe nötig ist – sich wie ein Erwachsener verhalten – die Initiative ergreifen – das Kommando übernehmen – zu einer List greifen – eine eigene Meinung haben – mutig sein – ein Risiko eingehen – in eine neue Rolle schlüpfen – selbstständig handeln – Verantwortung übernehmen – Vorschläge machen – wollen – eigene Wünsche zum Ausdruck bringen – ...

d) Genau zuhören und Missverständnisse vermeiden

Missverständnisse und falsche Schlussfolgerungen können sich folgenschwer auf ein Leben auswirken. Das Jugendbuch von Anna Woltz veranschaulicht das an drei Beispielen.

A 1 Warum hat Ida Hugo nicht gesagt, dass sie von ihm ein Baby erwartet?
Lies nach in Kapitel 35, Seite 162 und erkläre, wie das Missverständnis zustande gekommen ist.

A 2 Aber auch Tess selbst scheint manchmal recht voreilige Schlüsse zu ziehen: Warum glaubt sie, dass Hugo sie für verrückt halten muss?
Lies in Kapitel 16 und 17 nach und löse das Missverständnis auf.

A 3 Beinahe wäre Tess' Plan gescheitert und sie hätte ihren Vater nie mehr wiedergesehen. Welche Äußerung hat Tess so weh getan, dass Samuel ein Loch in Tess' Bauch spürte?
Lies in Kapitel 27 und 28 nach und kläre auch dieses Missverständnis auf.

„Ich schaute in ihre Augen und sah, dass das Loch verschwunden war."
(Samuel, S. 159)

A 4 Hast du selbst schon einmal ein Missverständnis miterlebt?
Erzähle, wie es dazu gekommen ist und wie es aufgeklärt wurde.
Und wenn das noch nicht geschehen ist, dann erzähle, wie dieses Missverständnis vielleicht aufgeklärt werden könnte und was du dazu beitragen kannst.

e) In der Auseinandersetzung mit einem Bild Stellung beziehen

A 1 Halte schriftlich fest, was Regine Kehn mit diesem Bild deiner Meinung nach zum Ausdruck bringen wollte?

A 2 Versuche nachzuvollziehen, was Ida bewegen könnte, ihrer Tochter erst bei der Volljährigkeit Hugos Namen zu verraten? Wähle die zutreffende Aussage aus und setze fort.

- ○ Ich verstehe Ida.
- ○ Ich habe kein Verständnis für Ida.

Denn aus meiner Sicht

A 3 Versuche nachzuvollziehen, wie es Tess ohne Vater geht. Warum möchte Tess – hinter dem Rücken ihrer Mutter! – nach elf Jahren unbedingt ihren Vater kennenlernen? Wähle die zutreffende Aussage aus und setze fort.

- ○ Ich verstehe Tess.
- ○ Ich habe kein Verständnis für Tess.

Ich bin der Meinung, dass

A 4 Nimm abschließend Stellung: Wie sollten sich Eltern im Idealfall bei einer Trennung im Hinblick auf das gemeinsame Kind verhalten?

f) Durch Diskussionen zu einer eigenen Meinung gelangen

Nach der Lektüre von „Tess“ entstand in der Klasse eine heiße Diskussion über die Frage, ob Väter und Kinder überhaupt noch Gefühle füreinander entwickeln können, wenn sie sich erst elf Jahre nach der Geburt des Kindes kennenlernen. Dabei wurden auch verwandte Themen gestreift, die den Schülern auf der Seele lagen.

A 1 Lest die Beiträge der Schüler mit verteilten Rollen. Entscheidet dann in Stillarbeit, wem ihr eher Recht gebt, indem ihr die einzelnen Aussagen unterstreicht: Grün, wenn ihr zustimmt, und Rot, wenn ihr anderer Meinung seid.

Max: Ich kann mir das schon vorstellen, schließlich ist Hugo der leibliche Vater von Tess. Warum sollte es also nicht klappen?

Tim: Ob sich ein Mann liebevoll gegenüber Kindern verhält, hängt doch nicht von der biologischen Abstammung ab. Es ist mehr eine Frage der Gefühle. Und auch, was der Mann als Kind erlebt hat und ob er seine Rolle als Vater annimmt.

Max: Ich finde schon, dass die biologische Abstammung wichtig ist. Schließlich haben wir von unseren Eltern auch eine Menge von Eigenschaften vererbt bekommen. Das heißt: Die biologischen Eltern sind uns ähnlicher als alle anderen Männer und Frauen.

Nina: Es gibt doch aber auch Mütter, die ihre Kinder ablehnen und sie zur Adoption freigeben, oder sie vernachlässigen oder misshandeln. Daran sieht man doch, dass die biologische Abstammung gar nicht so wichtig ist. Denn das Wichtigste hat Hugo verpasst: die Geburt von Tess, die Geburtstage, Weihnachten, Ausflüge, gemeinsame Ferien. Das muss er alles nachholen, wenn es klappen soll.

Max: Ob ein Mann, der biologisch nicht mein Vater ist, besser ist als mein leiblicher, kommt auf den Menschen an. Manchmal könnte ein „sozialer“ Vater sogar besser sein, wenn sich mein eigener Vater nicht um mich kümmert und mir nichts beibringt, weil er immer auf Geschäftsreisen ist, oder wenn er sich ständig mit meiner Mutter streitet.

Tim: Auch biologische Väter kümmern sich nicht immer um die eigenen Kinder. Deshalb trennen sich Mütter mit Kindern manchmal von solchen Männern. Da die Mutter aber nicht alleine für ihre Kinder verantwortlich sein möchten, heiratet sie noch einmal. Diese angeheirateten Männer nennt man Stiefväter. Das hört sich an wie die böse Stiefmutter im Märchen und ist unfair. Denn sie können sich genauso um die Kinder kümmern, wie man es von einem Vater erwartet. Im Laufe der Zeit können sie sogar die gleichen Gefühle entwickeln.

Max: Genau! Wenn sich mein leiblicher Vater um mich kümmert, finde ich das natürlich besser. Nur wenn er das nicht tut, fände ich einen sozialen Vater besser. Denn ein „Stiefvater“ muss nicht immer fies oder gemein sein. Mir wäre es wichtig, dass ich überhaupt einen Vater hätte.

Nina: Für Tess ist es hart, denn sie hatte in ihren ersten elf Jahren überhaupt keinen Vater, der sich um sie hätte kümmern können. Denn ihre Mutter hält nicht viel von Männern und meint deshalb, dass sie keinen Mann und Tess keinen Vater braucht. Also ganz ehrlich: Ich bezweifle, dass es mit Tess und Hugo klappt!

Tim: Das schönste Zeichen, dass ein Mann – ob leiblicher Vater, angeheiratet oder der Freund von der Mama – von Kindern akzeptiert wird, ist wohl, wenn sie „Papa“ zu ihm sagen, ohne sich dabei etwas zu denken.

A 2 Sammelt anonym Beiträge für eine Wunschwand: Jeder formuliert auf einem Din-A4-Zettel, wie der ideale Vater oder die ideale Mutter sein sollte. Die angepinnten Zettel werden laut vorgelesen. Durch stummes Handheben wird ermittelt, wie die idealen Eltern sein sollten.

Zum Schluss: Verstehst du Niederländisch?

Voor Jefta, de liefste hond van de wereld. 2001 – 2012

Manchmal scheint es verblüffend einfach zu sein, eine fremde Sprache zu verstehen. Bei Niederländisch – Vorsicht: Holländisch ist nur ein Dialekt! – ist das kein Wunder, denn die Sprache unseres Nachbarlandes ist mit Deutsch eng verwandt. Genaueres verrät dir der folgende Info-Text.

A 1 Unterstreiche die Wörter, die dir bei Ferien in den Niederlanden begegnen könnten.

Niederländisch (nederlands) gehört wie Deutsch zu den germanischen Sprachen. Das ursprüngliche Wort für beide Sprachen (duuts / diutisc) bedeutet „Volkssprache" (im Gegensatz zu Latein). Niederländisch hat viele Wörter aus der deutschen, französischen und englischen Sprache entlehnt. Manche Wörter klingen so ähnlich wie im mittelalterlichen Deutsch oder wie im plattdeutschen Dialekt, z. B. *ik*, *mijn*, *slapen* oder *water* (für *ich / mein / schlafen / Wasser*). Manche Wörter lassen sich leicht raten wie *de man*, *de vrouw* und *het kind*. Bei *de jongen* und *het meisje* (*der Junge / das Mädchen*) muss man schon genauer hinhören. Schwieriger, aber nicht unmöglich ist es, Wörter wie *opeens* oder *vrolijk* (*auf einmal / fröhlich*) zu verstehen.

A 2 Nun darfst du versuchen, Sätze aus der niederländischen Buchausgabe zu übersetzen. Schreibe deinen Versuch mit Bleistift unter den jeweiligen Text und überprüfe, ob du den Originaltext genau oder zumindest so ähnlich wie die Übersetzerin ins Deutsche übertragen hast. Die Kapitelangabe in Klammern hilft dir, die jeweilige Stelle im Buch zu finden.

- Het was fantastisch. (1)

- „Papa?" fluisterde ik [...]. „Denk je dat de laatste dinosaurus wist dat hij de laatste was?" (2)

- Achter de tafel zat een meisje met zandkleurig haar en een ernstig gezicht. (3)

- „We moeten hem helpen", zei ik zacht. (4)

- Op dat moment riep papa mijn naam. Midden in een danspas bleven we staan. (4)

- Ik knikte. „Ik wil hier blijven. Bij dit meisje." (5)

- „Mam!", riep Tess vrolijk. [...] „Dit is Samuel. Hij eet vandaag met ons mee." (6)

- En opeens begreep ik het. Ik dacht aan iedereen op de hele wereld. Ook aan papa. Ook aan mama. En aan mezelf. (7)